Soy Sonia Sotomayor

BRAD MELTZER

ilustraciones de Christopher Eliopoulos

traducción de Isabel C. Mendoza

VISTA

Soy **Sonia Sotomayor.**

3

Nací en Nueva York, pero mi familia vino de Puerto Rico.
Aprendí a hablar español antes de hablar en inglés.
Mi familia me llamaba Ají, que es un tipo de chile picante, porque
yo siempre andaba correteando y metiéndome en problemas.
Mi madre decía...

COMENZÓ A CAMINAR A LOS SIETE MESES, Y ESE MISMO DÍA ECHÓ A CORRER.

Aunque mi mamá o mi abuelita me vistiera, mi ropa siempre se arrugaba. Los lazos nunca permanecían mucho tiempo en mi pelo.

¡YA ESTÁS HECHA UN DESASTRE!

¿QUÉ VAMOS A HACER CON ELLA?

NO HAY NADA DE MALO EN ELLA. SOLO TIENE DEMASIADA ENERGÍA.

Una vez, quise saber cómo se escucharía mi voz dentro de un cubo, y la cabeza se me quedó atorada adentro.

SONIA, ¿Y AHORA QUÉ HICISTE?

¡HOLAAAA, A QUIEN ESTÉ ADENTRO!

También me encantaba inventarme juegos, como justar como un caballero, con mi hermanito montado en mi espalda.

¡A LA CARGA!

¡CATAPLÚN!

SONIA, ¿Y AHORA QUÉ HICISTE?

Uno de mis lugares favoritos era el apartamento de mi abuelita.
Entrar allí era como llegar a Puerto Rico.

Una vez al mes, en casa de mi abuelita, mi mamá y mis tías hacían sofrito, una salsa muy condimentada.

Mientras cortaban los pimientos, las cebollas y los tomates, yo me acercaba sigilosamente y los sacaba de la licuadora para comérmelos.

Los adultos ponían música y jugaban
muchos juegos, como dominó.

Uno de mis momentos favoritos era cuando todos nos quedábamos callados y mi abuelita se ponía a declamar. Se veía tan glamorosa. Todos quedábamos cautivados al escucharla recitar uno de sus poemas puertorriqueños favoritos, de José Gautier Benítez.

PARA PODER CONOCERLA, ES PRECISO COMPARARLA DE LEJOS EN SUEÑOS VERLA; Y PARA SABER QUERERLA, ES NECESARIO DEJARLA.

Yo entendía lo que quería decir el poema. Tenía muchos sueños.

De niña, me imaginaba que era la heroína de mi colección de libros favorita, Nancy Drew, la niña detective.

Nancy era un genio para resolver misterios y, sin importar qué se le atravesara en el camino, siempre encontraba las respuestas.

Vivía en una casa grande y resolvía crímenes con su papá. Como él era abogado, le daba muy buenas pistas.

CENA EN EL COUNTRY CLUB

MI PEQUEÑO CONVERTIBLE AZUL

¡QUÉ GANAS TENGO DE CRECER PARA CONVERTIRME EN DETECTIVE!

En mi vecindario, no era común que sueños como ese se hicieran realidad. No había detectives que se parecieran a mí.

AQUÍ CRECÍ.

ES EL BRONX, UN VECINDARIO DE LA CIUDAD DE NUEVA YORK.

MUY DIFERENTE AL MUNDO DE NANCY DREW, ¿NO?

No vivíamos en una mansión sino en un apartamento pequeño. Como mi madre era enfermera, yo conocía a varias enfermeras puertorriqueñas. Pero solo había un médico puertorriqueño.

En las tiendas donde íbamos de compras, había muchos empleados puertorriqueños, pero muy pocos administradores o dueños lo eran. Había muchos menos abogados y detectives.

No era que mis vecinos puertorriqueños no trabajaran duro.
La gente no es pobre porque sea perezosa.
Mi mamá trabajaba largas jornadas para pagar las cuentas.
A veces, el lugar donde vives determina el tipo de oportunidades que tienes.

Mi mamá trabajaba horas extra para poder pagar una escuela respetable para mi hermano y para mí, donde recibiríamos una mejor educación.
Aun así, mi infancia fue muy complicada.

A los nueve años de edad, me diagnosticaron diabetes, una enfermedad que hace que tu cuerpo acumule mucha azúcar en la sangre.

Yo era fuerte. No tendría problemas con la inyección.

Algo más difícil sucedió ese mismo año.

Mi padre murió.

Fue como un terremoto en mi vida. Mi mundo comenzó a cambiar y sentí miedo.

Una de las cosas que me consolaban era lo que estás haciendo ahora: leer.

Me encantaban los libros.

LOS LIBROS FUERON COMO UN COHETE...

PARA VIAJAR, NO SOLO POR EL MUNDO SINO **A TRAVÉS** DEL MUNDO.

ESTE LIBRO QUE UN MÉDICO ME PRESTÓ ERA MI FAVORITO.

TENÍA MUCHAS HISTORIAS SOBRE DIOSES Y HÉROES GRIEGOS.

En ese libro aprendí que mi nombre era una variación de Sofía, que significa *sabiduría*.

También fueron días difíciles para mi mamá.

Tenía que mantener a dos niños sola. Pero eso no la desanimó.

Nos compró todos los tomos de la Enciclopedia Británica.

Cuando llegó, fue como una Navidad anticipada.

Los libros pesaban mucho. Era como si viviéramos en una biblioteca.

También eran costosos. Mi mamá tenía dificultades para hacer los pagos.

Pero, gracias a la enciclopedia, el mundo se amplió para mí en mil direcciones nuevas.

Hay otra razón por la que mi mundo siguió cambiando:
mis maestros.

Cada maestro tiene el poder de inspirar a los niños.

Esta maestra se dio cuenta de que me encantaba competir y ganar.

La primera vez que vi una A en mi reporte de calificaciones,
me prometí a mí misma: voy a añadir una A cada vez que pueda.

Con esas calificaciones, ya estaba en camino a convertirme
en detective.

¿Eso significa que de repente todo se volvió más fácil?

No en mi vecindario.

Donde vivíamos, si no le ponías un candado a tu bicicleta, era probable que te la robaran.

Y si te metías por callejones feos, podrías salir golpeado.

Una vez, encontré a mi hermanito rodeado de acosadores, así que intervine para protegerlo.

Eso no quiere decir que nada me podía hacer daño.
Un día, estaba leyendo sobre la diabetes. Decía que
las personas con diabetes, como yo, podían ser médicos,
abogados, ingenieros e incluso maestros.

Pero, a causa de mi enfermedad...

PUEDES SER... MÉDICO ABOGADO

ESCRITOR COCINERO CARTERO

NO PUEDES SER... OFICIAL DE POLICÍA

¡¿QUÉ?!

Si no podía ser oficial
de policía, no iba a poder
ser detective. ¡O sea que
no iba a poder ser como
Nancy Drew!

Aquello me desconcertó mucho; pero no me venció.

Al poco tiempo, encontré un nuevo modelo a seguir en un programa de televisión.

Era un abogado llamado Perry Mason.

Usaba su inteligencia en los tribunales para descubrir la verdad detrás de cada crimen.

¡ESE HOMBRE ES INOCENTE!

¡ÉL TIENE QUE LOGRAR QUE SE HAGA JUSTICIA!

PERRY MASON

ENTONCES, ¿EL ABOGADO ES EL HÉROE?

Perry Mason era, sin duda, el héroe del programa, pero yo estaba más fascinada con otro personaje...

El juez.

En todos los episodios, sin importar las intenciones de Perry Mason, era el juez quien al final tomaba la decisión.

¡MIREN! NADA ES DEFINITIVO HASTA QUE EL JUEZ LO DIGA.

PERRY MASON NO PUEDE HACER NADA SIN PEDIRLE PERMISO AL JUEZ.

SÍ, LO QUE DIGAS, AJÍ.

ES EL MOMENTO MÁS IMPORTANTE DEL PROGRAMA.

Era difícil entender cada detalle.

Pero me daba cuenta de que cada caso era como un buen acertijo: un juego complicado, con sus propias reglas.

A partir de entonces, supe que yo podría ser una gran abogada.

Y hasta una gran jueza.

Para llegar a ser jueza tenía que aprender a hablar en público. Comencé a practicar en la iglesia, haciendo una de las lecturas de la Biblia.

LOS BUENOS ORADORES MIRAN AL PÚBLICO, Y HACEN CONTACTO VISUAL.

PERO ESTABA TAN NERVIOSA QUE USÉ ESTE TRUCO:

EN LUGAR DE MIRARLOS A LOS OJOS, LES MIRABA LA FRENTE.

ELLOS NO SE DABAN CUENTA.

Lo hice, y sabía que podía volverlo a hacer.

En el bachillerato, tomé la clase de ciencias forenses, en la cual uno se entrena en oratoria y debates.

Gané el primer premio en un concurso de oratoria. Pero también aprendí que para ser capaz de presentar un buen argumento es igualmente importante saber escuchar. Mi charla fue sobre nuestra responsabilidad de cuidarnos los unos a los otros.

Sin embargo, lo más importante que aprendí en la clase de ciencias forenses fue quizás lo que me enseñó uno de los estudiantes entrenadores.

Un consejero de la escuela me había dicho que solicitara ingreso a la universidad de la ciudad. Pero el entrenador me dijo que fuera más lejos.

TENTA EN LA
GA DE MAYOR
PRESTIGIO.

ASPIRA A UNA DE LAS MEJORES UNIVERSIDADES...

COMO HARVARD, YALE O PRINCETON.

PERO ESAS SON DE LAS MEJORES UNIVERSIDADES DEL PAÍS.

MIS PADRES NI SIQUIERA ASISTIERON A LA UNIVERSIDAD.

Sonaba imposible de alcanzar.

Yo no creía que los muchachos del sur del Bronx pudieran asistir a universidades de lujo como Princeton.

Pero, como decía el poema de mi abuelita, para alcanzar lo que quieres, tienes que soñarlo.

¿QUÉ HACES, AJÍ?

SOLICITANDO INGRESO A PRINCETON.

Fui la mejor estudiante de mi clase en el bachillerato.

¿Será que me aceptan?

¡ME ACEPTARON!

¡VOY A PRINCETON!

¡SÍ!

Princeton parecía otro planeta.

La mayoría de los estudiantes venían de vecindarios ricos y escuelas de lujo.

Estaban acostumbrados a viajes de esquí, clases de tenis y vacaciones en Europa

Yo, en cambio, muy raras veces había salido del Bronx.

La primera semana, no pude dormir porque escuchaba un grillo, como si estuviera en mi dormitorio.

NO ESTÁ EN TU DORMITORIO, SONIA.

ESTÁ AFUERA, EN EL ÁRBOL.

En Nueva York, no había árboles junto a mi ventana.

Me hacía mucha falta mi casa, pero, una vez más, encontré libros que me ayudaron a sentirme mejor.

NO ESTOY SEGURA, MAMI.

Aquí, en la Biblioteca Firestone, me di cuenta de cuánto conocimiento había en el mundo.

En Princeton, salí tan bien en los estudios que me invitaron a Phi Beta Kappa, una sociedad de honor que reconoce a los mejores estudiantes. Por poco boto la invitación a la basura, pues creía que era un anuncio falso para vender joyas.

Nunca había oído hablar de ninguno de los premios que recibí en Princeton, incluido el Premio Pyne, el reconocimiento más prestigioso que se entrega a un estudiante de último año.

Para algunas personas, los héroes son atletas o astronautas.
Para mí, el mejor héroe en acción era un abogado.
Eso era lo que yo quería ser.
Así que, después de graduarme, ingresé a la Escuela de
Leyes de Yale, la más prestigiosa del país.

En mi tercer año en Yale, pasé cerca de una reunión
donde ofrecían refrigerios gratis.
Como tenía un poco de hambre, entré. Me topé con una
presentación que me cambió la vida.

Inspirada por mis viejos sueños, me convertí en fiscal asistente de distrito.

Como fiscal, mi trabajo consistía en encontrar la verdad, y en asegurarme de que, si alguien había cometido un crimen, recibiera su merecido.

Cuando comencé, había tan pocos fiscales hispanos y mujeres, que los otros abogados me preguntaban...

¿A QUÉ HORAS LLEGA TU JEFE?

YO SOY EL JEFE.

Eso no se convirtió en un obstáculo para hacer mi trabajo.

Solo tenía que convencer al jurado de estar de acuerdo conmigo.

ESTE HOMBRE ES UN LADRÓN.

DEBE RECIBIR SU CASTIGO.

¿SABES POR QUÉ LOS JURADOS QUERÍAN TANTO A SONIA?

ELLA PODÍA HABLAR CON TODOS:

JÓVENES, VIEJOS, RICOS, POBRES, PERSONAS DE TODAS LAS RAZAS Y ORÍGENES. SONIA ENTENDÍA A TODO EL MUNDO.

También aprendí que cuando las personas no se llevan bien es normalmente porque no pueden imaginarse cómo se siente el otro.

Después, tuve diferentes trabajos como abogada.

Hasta que un día escuché que la Corte de Distrito de EE. UU. en Manhattan estaba buscando...

Mi jefe estaba tan decidido que puso la solicitud sobre mi escritorio y se aseguró de que ninguna otra obligación me impidiera llenarla.

Este era mi sueño, ¿verdad?

Por supuesto que lo era. Y se estaba haciendo realidad.

Me convertí en el primer juez federal hispano de la ciudad, y también en el más joven. Ahora mi trabajo era asegurarme de que, en cada caso, se aplicara la ley correctamente.

En mi primer juicio, estaba tan nerviosa que me temblaban las piernas.

¡TODOS, DE PIE!

SU SEÑORÍA, TENGO UNA PREGUNTA...

El pánico se me pasó cuando comenzó el juicio.

Estaba lista para hacer mi trabajo; y también para lo que siguió después, cuando me ascendieron a la Corte de Apelaciones.

Muy pronto, empezaron a considerarme para el trabajo legal más importante de todos: magistrado de la Corte Suprema de Justicia de Estados Unidos.

Ese es el tribunal donde se toman las decisiones sobre los casos más importantes: los magistrados son quienes toman esas decisiones.

Me preocupaba que ese trabajo me cambiara la vida; pero una amiga me dijo...

SONIA, LO IMPORTANTE NO ERES TÚ.

LO IMPORTANTE SON LOS NIÑOS Y NIÑAS DE *COLOR* QUE VIVEN EN COMUNIDADES POBRES DE TODA LA NACIÓN.

ELLOS PODRÁN SOÑAR EN GRANDE SI TÚ ERES PARTE DE LA CORTE SUPREMA.

Aquello me hizo pensar en el sur del Bronx. Recordé que ni en Princeton ni en Yale ni en la oficina del Fiscal de Distrito había abogadas hispanas cuyo ejemplo yo pudiera seguir. Tampoco entre los jueces. Me hizo pensar en toda la gente que yo podría inspirar.

DE NIÑA, ¿SOÑÉ ALGUNA VEZ CON SER MAGISTRADA DE LA CORTE SUPREMA?

NO PUEDES SOÑAR CON AQUELLO QUE NO CONOCES.

SI QUIERO QUE OTROS SUEÑEN CON ESTO...

Tenía que mostrarles que es posible.

El 8 de octubre de 2009, a los 55 años de edad, tomé posesión como la primera hispana y la tercera mujer magistrada de la Corte Suprema de Justicia de Estados Unidos.

ME ASEGURÉ DE QUE MI MAMÁ ESTUVIERA PRESENTE EN LA CEREMONIA, PARADA ENTRE EL PRESIDENTE DE LA CORTE Y YO.

CUANDO LES CONTÉ A LOS REPORTEROS QUE MI MADRE HABÍA SIDO UN MODELO MUY IMPORTANTE PARA ALCANZAR MIS LOGROS,

MI MADRE LES DIJO HUMILDEMENTE QUE ELLA NO SABÍA LO QUE HABÍA HECHO.

PERO YO SÍ.

RECUERDA: NADIE SE HACE SOLO.

SEAS QUIEN SEAS, TODOS RECIBIMOS AYUDA DE ALGUIEN.

El chile picante.

La que no podía ir más despacio.

Debido a mis orígenes, porque era pobre y latina, muchos pensaron que yo no llegaría lejos.

Pero otros me ayudaron a hacer mis sueños realidad.

Me dieron oportunidades y me recordaron que debía seguir adelante.

Esas son las personas que debes escuchar.
Ponles atención a quienes creen en ti.
Entre más aprendas, más lejos llegarás.
La educación es un cohete.
Te puede llevar a cualquier lugar.
Pero, por muy lejos que llegues...

Ya sean en inglés, en español o en cualquier otro idioma, nuestros sueños suelen ser los mismos:

Una familia amorosa.

Amigos amables.

Un hogar seguro.

Y la oportunidad de desarrollar nuestro potencial.

Bienvenidos a las casas de la magistrada Sotomayor

El mundo que ves desde tu ventana es un punto de partida.
Pero más allá, hay mucho más. Lee. Estudia. Haz el bien.

Sin importar dónde hayas nacido, no hay límite para lo
que puedes lograr.

Soy Sonia Sotomayor.

Soy una prueba de que con la oportunidad llega la justicia.

"Recuerda que nadie tiene éxito solo".
—Sonia Sotomayor

25 DE JUNIO DE 1954	1963	1972	1976
Nace en la ciudad de Nueva York.	Le diagnostican diabetes.	Se gradúa como la mejor de su clase en la Escuela Secundaria Cardenal Spellman, en el Bronx, NY.	Se gradúa en la Universidad de Princeton.

Sonia, tomando posesión como magistrada de la Corte Suprema, junto a su hermano y su madre

Sonia, cuando estudiaba en Princeton

La Corte Suprema de Justicia de EE. UU. en 2018

1976	1979	1992	1998	8 DE AGOSTO DE 2009
Se casa con Kevin Noonan (se divorcian siete años después).	Se gradúa en la Escuela de Leyes de Yale.	Se convierte en jueza de la Corte de Distrito de EE. UU.	Se convierte en jueza de la Corte de Apelaciones de EE. UU.	Se posesiona como la primera magistrada hispana de la Corte Suprema de Justicia de EE. UU.

Para mi hermano Adam, la latina sabia Gilda, Isaiah
y Liana, el fuerte lado hispano de nuestra familia.
—B.M.

Para Tracy Rand-Kleindienst, que es mi hermana, en todo el sentido de la
palabra. ¡Una persona fuerte, dedicada y bondadosa, a quien admiro!
—C.E.

En aras de la precisión histórica, usamos los diálogos reales de Sonia Sotomayor siempre que fue posible. Para más citas textuales de la magistrada Sotomayor, recomendamos y reconocemos los títulos citados abajo. Un agradecimiento especial para Gilda Flam, Matt Axelrod, Jessica Herthel y nuestros amigos de la Corte Suprema por sus comentarios a los primeros borradores.

. . . .

FUENTES
My Beloved World, Sonia Sotomayor (Knopf, 2013)

Sonia Sotomayor: The True American Dream, Antonia Felix (Berkley, 2010)
Supreme Court Justice Sonia Sotomayor at Stanford Law School:
https://www.c-span.org/video/?424802-1/stanford-university-hosts-discussion-supreme-court-justice-sonia-sotomayor
"A Latina Judge's Voice", Sonia Sotomayor, discurso en el Homenaje al Juez Mario G. Olmos, 2001, pronunciado en la Universidad de California, Berkeley, Escuela de Leyes
"Sotomayor, a Trailblazer and a Dreamer", Sheryl Gay Stolberg (New York Times, 26 de mayo de 2009)
"Sotomayor Sworn in as Supreme Court Justice", Charlie Savage (New York Times, 9 de agosto de 2009)

. . . .

© 2023, Vista Higher Learning, Inc.
500 Boylston Street, Suite 620
Boston, MA 02116-3736
www.vistahigherlearning.com
www.loqueleo.com/us

© Del texto: 2018, Forty-four Steps, Inc.
© De las ilustraciones: 2018, Christopher Eliopoulos

Publicado originalmente en Estados Unidos bajo el título *I Am Sonia Sotomayor* por Dial Books for Young Readers, un sello de Penguin Random House LLC, Nueva York.
Esta traducción ha sido publicada bajo acuerdo con Forty-four Steps, Inc. y Christopher Eliopoulos c/o Writers House LLC.

Dirección Creativa: José A. Blanco
Vicedirector Ejecutivo y Gerente General, K–12: Vincent Grosso
Desarrollo Editorial: Salwa Lacayo, Lisset López, Isabel C. Mendoza
Diseño: Ilana Aguirre, Radoslav Mateev, Gabriel Noreña, Verónica Suescún, Andrés Vanegas, Manuela Zapata
Coordinación del proyecto: Karys Acosta, Tiffany Kayes
Derechos: Jorgensen Fernandez, Annie Pickert Fuller, Kristine Janssens
Producción: Esteban Correa, Oscar Díez, Sebastián Díez, Andrés Escobar, Adriana Jaramillo, Daniel Lopera, Juliana Molina, Daniela Peláez, Jimena Pérez
Traducción: Isabel C. Mendoza

Soy Sonia Sotomayor
ISBN: 978-1-54338-606-6

Retrato de la página 38: Colección de la Corte Suprema de Justicia de Estados Unidos, Steve Petteway.

Página 39: foto de la corte actual, Colección de la Corte Suprema de Justicia de Estados Unidos, Franz Jantzen; foto de la posesión de Sonia, Paul J. Richards/AFP; foto de Sonia en la Universidad de Princeton, Archivos de la Universidad, Biblioteca de la Universidad de Princeton.

Printed in the United States of America.

1 2 3 4 5 6 7 8 9 KP 28 27 26 25 24 23